L'Union républicaine *du département de la Somme*, en publiant une série de brochures populaires, a pour but d'éclairer les électeurs sur les principes et les avantages du gouvernement républicain, le seul qui puisse effacer les hontes de l'empire, réparer nos désastre, assurer le travail, ramener la postérité, fermer définitivement l'ère des révolutions, et réaliser sans secousses le progrès démocratique, en fondant d'une manière durable le règne de l'ordre et de la liberté.

L'*Union républicaine* fait donc appel à tous les bons citoyens soucieux de l'avenir du pays pour répandre ces petits livre. Pour en faciliter l'acquisition aux propagateurs, les prix en sont fixés comme suit :

50 exemplrires. . . .	4	»»
100 — . . .	7	»»
500 — . . .	30	»»
1000 — . . .	50	»»

LETTRE

SUR

L'INSTRUCTION PRIMAIRE

ET LES

INSTITUTEURS

PAR

M. ERNEST HAMEL

Conseiller général du canton de Moreuil.

AMIENS

AUX BUREAUX DU *PROGRÈS DE LA SOMME*
et chez les principaux libraires du
département.

1872.

PUBLICATIONS POPULAIRES

à 10 centimes

DE L'UNION RÉPUBLICAINE

DU DÉPARTEMENT DE LA SOMME.

---

1. *Ce que doit être la République*, par JULES BARNI, 3e édition, brochure in-18 de 36 pages.
2. *Les principes et les mœurs de la République*. par le même, 3e édition, brochure in-18 de 36 pages.
3. *Les institutions Républicaines*, par le même, 2e édition, brochure in-18 de 36 pages.
4. *De la nécessité de l'Instruction dans une République*, par AMÉDÉE LAMARLE, brochure in-18 de 36 pages.
5. *La Situation actuelle*, par RENÉ GOBLET, brochure in-18 de 36 pages.
6. *Notice biographique sur M. Jules BARNI*, 3e édition, brochure in-18 de 36 pages.
7. *L'instruction primaire et les Instituteurs* par ERNEST HAMEL, brochure in-18 de 36 pages.
8. *Les projets Constitutionnels et la Dissolution*, par JULES BARNI. —*De la permanence des rapports du Député avec ses électeurs*, par EUGÈNE DELATTRE, brochure in-18 de 36 pages

D'autres brochures sont sous presse et paraîtront successivement.

Publications de l'UNION RÉPUBLICAINE de la Somme.
N° 7.

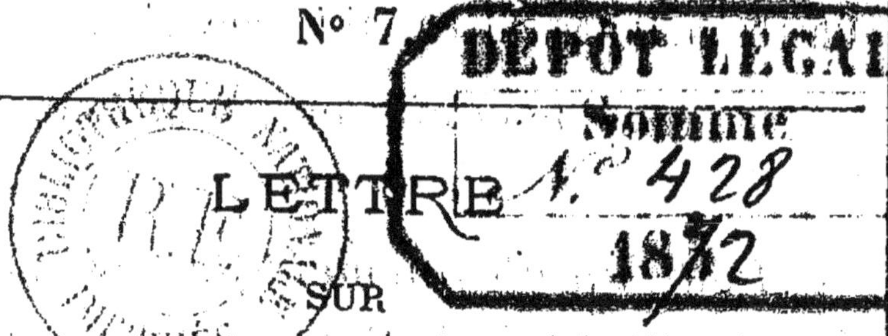

LETTRE
SUR
L'INSTRUCTION PRIMAIRE
ET LES
INSTITUTEURS

PAR

M. ERNEST HAMEL
Conseiller général du canton de Moreuil.

AMIENS
AUX BUREAUX DU *PROGRÈS DE LA SOMME*
et chez les principaux libraires du
département.
1872.

Prix : 10 centimes

Ouvrages de M. Ernest HAMEL

Offerts gratuitement en prime aux abonnés nouveaux

DU PROGRÈS DE LA SOMME.

Pour un abonnement de trois mois :

LA STATUE DE J.-J. ROUSSEAU, 1 volume in-12 de 370 pages.

—

Pour un abonnement de six mois :

MARIE LA SANGLANTE, histoire de la grande réaction catholique sous Marie Tudor, précédée d'un *Essai sur la chute du catholicisme en Angleterre*: 2 volumes in 8° de 400 pages chacun, avec le portrait de Marie Tudor d'après ANTONIO MARO.

—

Pour un abonnement d'un an :

PRÉCIS DE L'HISTOIRE DE LA RÉVOLUTION FRANÇAISE. Un beau et fort volume in-8° cavalier de près de 600 pages.

Ou bien au choix :

HISTOIRE DE LA RÉPUBLIQUE FRANÇAISE *sous le Directoire et le Consulat*, faisant suite au *Précis de l'histoire de la Révolution*. Un beau et fort volume in-8° cavalier de près de 600 pages.

LETTRE
SUR
L'INSTRUCTION PRIMAIRE
ET LES
INSTITUTEURS

EXTRAIT

DES

LETTRES DE LA CAMPAGNE

publiées par le

PROGRÈS DE LA SOMME

Au Lecteur

Je voyageais, il y a une quinzaine d'années, dans le grand duché de Bade.

Je prenais en pitié, il m'en souvient, ces bons gros et lourds soldats badois, qui portaient le fusil comme un manche à balai, et qui ressemblaient à des soldats de carton.

En voyant manœuvrer autour de Carlsruhe quelques régiments du Grand-Duc, je me disais : Il suffirait pourtant d'un bataillon de nos chasseurs d'Afrique pour enfoncer tous ces gaillards-là. Hélas! je comptais sans l'empire et sans l'empereur, et je ne me doutais guère que, grâce à l'ineptie du scélérat de Décembre, les épais Badois figureraient plus tard parmi nos vainqueurs.

Pauvre France, tu sais maintenant ce qu'il en coûte à une nation de confier ses destinées à quelque fétiche monarchique, qui la pressure jusqu'à la moëlle, au lieu de l'endormir tranquillement sur l'oreiller des lois.

Mais si je m'extasiais médiocrement sur

les institutions militaires du Grand-Duché, qui représentent la force brutale, j'admirais à juste titre ses écoles et ses méthodes d'enseignement, qui annoncent la force morale et la puissance des idées.

Musset, l'élégant et sceptique poète, a dit quelque part qu'il voudrait qu'une duchesse en France.

Pût valser aussi bien qu'un bouvier allemand.

Je me soucie fort peu, je l'avoue, qu'une duchesse, en France ou ailleurs, valse plus ou moins correctement ; mais je serais fort aise que dans mon pays, tout le monde fût aussi instruit que le plus humble des artisans badois.

Je me promenais un jour aux environs de Mannheim, non loin du Rhin, dont j'entendais clapoter les eaux vertes et sonores. C'était par un soleil brûlant, il était environ midi, l'heure de la sieste dans la campagne ; j'aperçus, adossé à un arbre de la route, un jeune laboureur qui se reposait, près de sa charrue inactive. Il ne dormait pas, il lisait ; et savez-vous quel livre ? Il lisait Horace en latin. Le jeune laboureur était le fils d'un petit fermier du pays. Je ne pus m'empêcher d'éprouver une sympathie très-vive pour cet homme des champs qui employait à la lecture de nos classiques l'heure consacrée d'ordinaire au repos. Et son sillon n'en était creusé ni moins droit, ni moins profond, e vous assure.

Voltaire s'est trompé le jour ou il a écrit que l'instruction n'était pas nécessaire aux gens de ferme et de service ; Voltaire ce jour-là écrivait avec sa plume de gentilhomme ordinaire de la chambre du roi, non avec celle qui a écrit l'*Homme aux quarante écus* et le *Dictionnaire philosophique*. Rousseau n'eût pas écrit cela.

L'immortel patriarche de Ferney ne s'est pas aperçu que c'était l'homme qui rehaussait la condition.

Il n'y a pas de sots métiers, dit un vieux proverbe, il n'y a que de sottes gens.

S'il est une profession honorable entre toutes, c'est assurément celle qui attache l'homme à la terre, notre bonne et commune nourrice.

Que l'homme des champs soit instruit, et il ne sera inférieur à personne, et il n'en remplira pas moins bien sa tâche quotidienne, comme le prouve l'exemple de mon jeune laboureur du grand duché de Bade.

On parle beaucoup, dans un certain monde, de priver de leurs droits électoraux ceux qui ne savent ni lire ni écrire. Et de quel droit ? Est-ce que les ignorants n'ont pas leur part égale de charges sociales ? Est-ce qu'ils ne contribuent pas à la défense du pays ?

Il ne s'agit donc pas de les parquer dans un coin comme un troupeau de lépreux. Ce serait une violation du droit naturel, un crime dont une monarchie peut se rendre coupable, mais que ne saurait commettre la République.

N'est-ce pas d'ailleurs la société qui est coupable de leur ignorance?

Il faut les instruire, voilà le seul remède, et la République ne faillira pas à cette grande tâche.

Il est regrettable que, depuis deux ans, nous ayons perdu un temps précieux. Deux ans, ce n'est rien dans la vie des peuples, mais c'est beaucoup dans celle des individus. Que d'enfants eussent reçu déjà une certaine dose d'instruction, qui en sont totalement dépourvus, si les élections du 8 février nous avaient donné une Assemblée de plus de foi, une Assemblée véritablement républicaine...

Il faut détruire l'ignorance, répétons-le sans cesse, comme Caton ne cessait de répéter : Il faut détruire Carthage.

L'ignorance, c'est notre ennemie, c'est l'ennemie de l'humanité ; voilà pourquoi il faut la combattre à outrance.

Voilà pourquoi, lecteur, j'ai écrit la lettre que tu vas lire sur l'instruction primaire et les instituteurs.

E. H.

LETTRE

SUR

L'INSTRUCTION PRIMAIRE

ET LES

INSTITUTEURS

Je veux aujourd'hui vous parler, mes amis, de l'instruction primaire et des instituteurs; double question qui intéresse au plus haut degré l'avenir et la grandeur de la République.

Je me sens, du reste, fort à l'aise pour traiter cette double question dans ce département où depuis dix-huit mois l'opinion publique a fait de si magnifiques progrès, où l'idée de justice et de vérité s'est imposée à l'immense majorité d'entre vous, où les lumières s'infiltrent dans nos campagnes comme le soleil à travers les ténèbres, dans ce département, enfin, dont le Conseil général a, par trois fois, affirmé d'une façon si éclatante la nécessité de l'instruction gratuite et obligatoire.

Je ne reviendrai pas sur la gratuité et l'obligation. Nous avons réduit à néant, au Conseil général, les sophismes et les pauvres arguments de ceux qui s'en étaient déclarés les adversaires ; cela suffit.

Par la gratuité absolue nous voulons épargner à l'homme pauvre et fier des démarches toujours humiliantes, enlever aux administrations des moyens d'influence dont il leur est trop souvent arrivé de mésuser sous le détestable régime monarchique, et faire en sorte qu'il n'y ait pas à l'école des enfants qui paient et d'autres qui ne paient pas. C'est le moyen de rapprocher le pauvre du riche, le faible du puissant, et, suivant l'expression de Plutarque, d'acheminer à une même trace et de monter sur une même forme de vertu tous les enfants de la patrie.

Par l'obligation nous voulons défendre l'enfant contre l'indifférence de certains parents. Et il n'y a là aucun attentat à la liberté du père, parce que, ainsi que je l'ai prouvé au Conseil général, l'enfant n'appartient pas seulement à la famille, il appartient aussi à la patrie, qui a le devoir de former des citoyens. De même que la loi punit le père dénaturé qui maltraite ses enfants au physique, de même elle doit punir celui qui les maltraite au moral, car il n'y a pas de pire traitement que de condamner l'enfant à l'ignorance ; c'est le vouer à l'esclavage éternel.

Bien rares d'ailleurs seront les occasions de sévir. Il ne se rencontrera pas tant de pères qui ne sentiront point dans leurs propres cœurs cette obligation imposée par la loi. Il s'agit seulement d'enlever à l'obligation tout ce qui pourrait avoir un caractère onéreux pour les familles nécessiteuses.

Pour moi, quand je vois vagabonder dans les rues ou s'étioler à des travaux malsains de pauvres petits enfants que réclame l'école, je pense involontairement aux miens, et je me dis que la société ne fait pas son devoir. Or, s'il est permis aux monarchies, sous l'empire desquelles la direction des affaires publiques appartient à quelques privilégiés de la naissance et de la fortune, de se soucier médiocrement de l'instruction populaire, cela ne se saurait comprendre de la part de la République, qui est notre patrimoine commun et sous laquelle nous avons tous des droits égaux à exercer et les mêmes devoirs à remplir.

Aux monarchies de dégrader l'humanité, de laisser végéter dans la misère et dans l'ignorance une sorte de bétail humain: elles ont besoin de l'abaissement général pour s'élever et pour briller. A la République, au contraire, de former des hommes et des citoyens. C'est là précisément l'objet sacré de l'instruction primaire et la sainte mission de l'instituteur.

Quand on parcourt les divers Etats de la grande République américaine, on est frappé d'un spectacle singulièrement imposant. Là, partout des écoles et des bibliothèques publiques. Là, on ignore pour ainsi dire ce que c'est que de ne savoir ni lire ni écrire. Aussi chacun a-t-il la notion exacte de ses droits ; chacun sait qu'on ne vaut que par sa valeur personnelle, par la dignité de son caractère, par la pureté de sa vie, et le plus pauvre planteur s'estime l'égal, sinon le supérieur, des fonctionnaires les plus élevés et des plus riches industriels.

Là, l'instruction est la chose dont on a le plus de souci, et celui qui enseigne est un personnage considérable. Là, il n'est pas de sacrifices que la nation ne s'impose pour instruire ses enfants ; l'Union, les Etats, les communes, les particuliers, tous y contribuent ; le budget de l'instruction publique atteint la somme énorme de près de cinq cents millions, et il n'est pas rare de voir de modestes instituteurs de campagne recevoir des appointements de six à huit mille francs. Et c'est ce qu'on peut appeler de l'argent bien placé.

Quelle différence, quand on reporte ses regards sur notre cher pays de France.

Ici, au contraire, le budget de l'instruction publique, en y comprenant la part de l'Etat, celle des départements et celle des communes, ne s'élève guère au-delà de la somme de soixante-quinze millions. C'est dérisoire. Il y a pourtant des gens qui trouvent cela un assez beau chiffre. Tel qui n'hésite pas à jeter près d'un milliard au gouffre dévorant de la guerre, recule épouvanté quand il s'agit de consacrer quelques millions à instruire nos enfants. Il accorde à l'art de tuer les hommes ce qu'il refuse à l'art de les élever et de les améliorer, et il ne comprend pas que grossir le budget de l'instruction publique, c'est le meilleur moyen d'arriver à supprimer un jour ou l'autre celui de la guerre.

L'instituteur, aux Etats-Unis, est,

comme je l'ai dit, un personnage important, magnifiquement rétribué ; ici il reçoit à peine de quoi vivre. Un instituteur adjoint est condamné à mourir de faim s'il n'a pas quelques ressources en dehors de sa profession. Cela est déplorable.

Aussi qu'arrive-t-il ? C'est que ce fonctionnaire, ce magistrat dans l'ordre moral, puisqu'il a véritablement charge d'âmes et qu'il est appelé à former, à instruire l'immense majorité des citoyens de la République, se trouve dans un état de regrettable infériorité. Dans beaucoup de communes il est obligé, pour vivre et pour subvenir aux besoins de sa famille, de se distraire de ses devoirs professionnels, et de réclamer un supplément de salaire à des fonctions complètement étrangères à son ministère.

C'est ainsi que nous le voyons tantôt secrétaire de la mairie, tantôt chantre de la paroisse. Là il est l'homme-lige du maire, ici l'homme-lige du curé. C'est infiniment regrettable. Un citoyen de la grande République américaine sourirait de dédain et de compassion en voyant ce que nous avons fait du premier maître de nos enfants.

C'est une chose étrangement triste; mais en France le lustre qui s'attache à la fonction, et le salaire qui lui est attribué, semblent être, de parti pris, en raison inverse de son importance et de son utilité. Nous avons des receveurs généraux, ou trésoriers-payeurs et généraux des receveurs particuliers dont on pourrait se passer au grand profit du trésor; nous avons un conseil d'Etat qui est une superfétation coûteuse. Nous avons des conseils de préfecture qui n'ont aucune espèce de raison d'être; des sous-préfets complètement inutiles au point de vue de la bonne administration du pays; des préfets payés beaucoup trop cher et logés dans des hôtels qui coûtent les yeux de la tête aux départements, quand ils pourraient être si bien logés chez eux, modestement, comme le sont les procureurs généraux; nous avons des ambassadeurs pour la montre, qu'on pourrait fort bien remplacer par de simples ministres ; tout ce personnel administratif, qu'on appelle le monde officiel, forme une sorte de caste à part dans l'Etat, surcharge nos budgets, et, par une incompréhensible fiction, occupe les sommets de la société, tandis que l'instituteur, qui est le fonctionnaire le plus utile, celui dont on saurait le moins se passer, émarge à peine de quoi vivre, et se trouve ravalé dans une condition inférieure. Il souffre ainsi dans son corps et dans son âme, lui qui devrait être toujours au-dessus du besoin, et ne relever que de sa conscience et de la loi.

Comment ! cet homme à qui nous confions ce que nous avons de plus cher au monde, le sang de notre sang, l'âme de notre âme, nos enfants en un mot, lui qui doit former leurs jeunes cœurs, élever leurs esprits, nous souffririons qu'il végétât dans cette situation modeste et effacée, qu'il restât le plus humble des fonctionnaires! Non cela n'est pas possible.

Je veux dire ce que doivent être en République l'instruction primaire et l'instituteur.

Et d'abord rendons justice à qui de droit.

J'ai dit un jour, au Conseil général, que la Révolution française avait posé dans son immortelle Déclaration des droits de l'homme et du citoyen le principe de l'instruction gratuite et obligatoire ; j'ai dit la vérité.

La France, avant elle, était enveloppée dans les ténèbres de l'ignorance. Peu de paroisses étaient pourvues d'écoles ; c'est à peine s'il existait une instruction primaire laïque. La Révolution comprit que, en proclamant la liberté et l'égalité, il fallait élever le peuple à la hauteur de ses destinées nouvelles ; et que là où, de par les lois, il n'y avait plus de deshérités ni de parias, il ne devait plus y avoir d'ignorants. « L'instruction, disaient ses défenseurs, est l'âme de l'esprit public ; sans elle les mouvements de la liberté dégénèrent en une fièvre qui consume le peuple et qui finit par le livrer à la tyrannie. »

Voilà pourquoi toutes les monarchies se sont toujours montrées hostiles à l'instruction populaire.

La Révolution se mit résolûment à l'œuvre.

Ce fut la Convention nationale qui eut la gloire de décréter la fondation des écoles primaires. Elle ne se contentait pas de faire face aux ennemis intérieurs et extérieurs de la République, par des moyens souvent violents mais qu'expliquent de reste la rage, la mauvaise foi et la perfidie de ces ennemis, elle tenait à mettre immédiatement en pratique les préceptes dont l'application était de nature à adoucir les mœurs, à élever le niveau de l'esprit humain et à rendre les hommes meilleurs.

Elle décida donc que les écoles primaires formeraient le premier degré d'instruction, qu'on y enseignerait toutes les connaissances rigoureusement nécessaires à tous les citoyens, et baptisa du nom d'*Instituteurs* les personnes chargées de ces enseignements. L'instituteur primaire est donc comme vous le voyez une création de la Convention nationale.

La grande Assemblée décida également que l'enseignement serait commun à tous les citoyens sans distinction de culte, et que tout ce qui concernait les cultes religieux ne serait enseigné que dans les temples. C'était la véritable liberté de l'enseignement; la société, quoi qu'on en dise, ne pouvant se désintéresser d'une certaine surveillance sur l'instruction publique.

L'instituteur était chargé, de plus, de donner au moins une fois par semaine, une instruction publique à laquelle tous les citoyens de tout âge et de l'un et l'autre sexe seraient invités à assister, portant sur les principes de la morale et du droit naturel, sur les lois dont la connaissance est indispensable à tous les citoyens, sur l'histoire, sur la culture, sur les arts et sur les événements contemporains qui intéresseraient le plus la République. C'est à cette sage prescription que j'ai voulu en revenir en proposant au Conseil général d'astreindre les instituteurs, en retour de la rétribution qu'ils recevraient comme conservateurs des bibliothèques communales, à faire une ou deux fois par semaine des lectures publiques aux habitants de la commune. Comprenez-vous, mes amis, de quelle autorité morale se trouverait relevé le ministère de l'instructeur, qui deviendrait ainsi l'instituteur de la petite cité qu'on appelle la commune.

Ce n'est pas tout. La Convention voulut que les salaires des fonctions d'instituteur fussent tels qu'ils pussent suffire à l'homme vertueux qui voudrait borner son ambition à les bien remplir. Et en rémunérant convenablement ces nobles fonctions, elle était sûre d'y attirer une foule d'hommes intelligents et instruits. Elle voulut encore les entourer d'une grande considération et d'une indépendance relative ; elle ne les subordonna pas au caprice d'un ministre ou d'un agent du pouvoir central, comme elles le sont encore aujourd'hui ; non, elle chargea le conseil électif du département d'en choisir les titulaires sur des listes présentées par un syndicat de pères de famille, et de prononcer sur les plaintes dont ces titulaires pourraient être l'objet. Elle comprit enfin que, voulant former des hommes et des citoyens, elle était tenue de rendre aussi respectable et aussi respecté que possible le fonctionnaire préposé à cette lourde et grande tâche.

Eh bien! mes amis, croyez-vous que si cet admirable décret de la Convention eût reçu son exécution, nous aurions la douleur de voir encore tant d'hommes et de femmes — car ce que je dis des instituteurs s'applique également aux institutrices — tant d'hommes et de femmes, dis-je, dénués des premières notions d'instruction ? Croyez-vous qu'il y aurait encore à cette heure des départements où l'on parle à peine français, des départements arriérés comme le Morbihan, où nous voyons le peuple confier ses intérêts à ses plus mortels ennemis, et qui, dans le vote d'il y a huit jours, est le seul qui ne se soit pas honoré en envoyant un républicain de plus siéger à l'Assemblée nationale.

Ce n'était pas qu'il n'y eût dans le Convention quelques esprits attardés, secrètement attachés aux vieux abus et aux vieux préjugés. Il y en avait comme cela quelques-uns au centre de l'Assemblée. On les appelait les *crapauds du marais*. Ils n'ouvraient guère la bouche, attendant l'heure de la réaction pour faire éclater leurs passions et leurs colères. Il y en eut un cependant qui osa stipuler au nom des ténèbres et de l'ignorance. On l'appelait Durand de Maillane. Lui non plus ne voulait pas que l'instruction fut gratuite, cela coûterait trop cher à l'Etat ; lui non plus ne voulait pas de l'instruction obligatoire, c'était attenter à la liberté du père de famlile ; lui non plus ne voulait pas de l'instituteur laïque, c'était compromettre la religion et la morale. On reconnaît bien là les arguments de nos dévots d'aujourd'hui.

Le réprésentant Jacob Dupont lui

répondit vertement : « Qu'elles sont petites, qu'elles sont bornées les vues de Durand-Maillane ! Il m'a semblé entendre un homme du quatorzième siècle. » N'est-ce pas ce que nous pourrions répondre, nous aussi, à tous nos adversaires ? La voix de Durand de Maillane se perdit sans écho sous les grandes voûtes de la Convention. Hélas ! il n'en sera pas de même prochainement au palais de Versailles. Nous retrouverons là plus d'un Durand-Maillane avec ses passions étroites et mesquines, sa haine du progrès et son horreur de la liberté. M. Dupanloup nous fera regretter le membre arriéré de la Convention.

Les événements, par malheur, empêchèrent la réalisation des grandes vues de la République de l'an II. La réaction triomphante, après la journée sinistre du 9 thermidor, laissa là les écoles primaires et les instituteurs, et l'on put constater avec effroi, sous le Directoire, que l'ignorance avait repris dans notre pays son effroyable empire.

Mon collégue, M. Méhaye, qui, comme Durand de Maillane, n'est ni pour l'instruction gratuite, ni pour l'instruction obligatoire, a cru trouver là un texte excellent contre la Révolution. Il ne s'est pas aperçu qu'il tirait sur ses propres troupes. Ce sont les thermidoriens de l'an III, les royalistes de l'an IV et de l'an V, ce sont tous les Durand-Maillane vainqueurs qui ont étouffé l'instruction : et ce n'est pas la faute des grands patriotes de l'a[illegible]si, eux morts, la nuit, la nuit sombre s'est faite sur notre pays.

L'empire avec ses légionnaires, la Restauration avec ses congrégations, ne se souciaient guère d'instruire le peuple. Qu'il se battît et qu'il allât à la messe, voilà tout ce qu'on lui demandait, dans cette double période qui a reculé de plus de cinquante ans les progrès de l'esprit humain. Qu'était-il besoin d'instituteurs pour cela? *A bas l'école ! vivent les missions !* c'était l'heure où l'on eût volontiers éteint les lumières de l'instruction pour rallumer les feux des bûchers.

Il fallut arriver jusqu'à 1830 pour qu'on songeât de nouveau à monter à l'assaut de l'ignorance. Notez bien ceci, mes amis, chaque fois que l'esprit de la Révolution, de la grande Révolution, tressaille, l'humanité se remet en marche vers le progrès. Malheureusement la République s'effaça sous la monarchie bâtarde et perfide de Juillet, et la loi de 1833 sur les instituteurs ne fut qu'une pâle copie du décret réparateur de la Convention. C'était en vain que M. Guizot affirmait que la politique conservatrice nous donnerait le progrès ; tenez pour certain, mes amis, que la République seule, la République sans phrase saura le réaliser.

En effet, dans la glorieuse année 1848, la République en revint tout de suite aux traditions de son aînée. Une loi fut préparée par le gouvernement provisoire, qui assurait le sort des instituteurs et rendait l'instruction gratuite et obligatoire. Mais la réaction triompha de nouveau, et remit tout en question. Tous les ennemis de la lumière et du progrès, légitimistes, orléanistes, bonapartistes, se coalisèrent contre la République, en se ralliant à la candidature du triste héros de Strasbourg et de Boulogne. La cause de l'instruction publique et des instituteurs fut encore une fois perdue.

M. de Parieu, digne successeur de M. de Falloux à l'instruction publique, un apostat de la liberté, lui aussi, vint le 13 décembre 1849 proposer à l'assemblée législative, royaliste et réactionnaire comme celle de Versailles, une véritable loi de terreur contre les instituteurs.

S'il y avait une position respectable au monde et qui demandât à être scrupuleusement ménagée, c'était assurément celle des instituteurs communaux, dont la Révolution française avait voulu faire des fonctionnaires d'un ordre si élevé. Cette position avait été sauvegardée avec soin par la loi de 1833, qui cependant s'était montrée bien parcimonieuse à leur égard. Mais du moins elle leur garantissait une sorte d'inviolabilité.

Si par hasard, dans l'exercice de leurs fonctions, ils outrageaient la morale et la loi, le cas était prévu ; ils pouvaient être destitués ou révoqués. Seulement ils ne dépendaient pas de l'arbitraire du gouvernement ; leur destitution devait être entourée de formes légales et protectrices ; les tribunaux seuls pouvaient la prononcer par un jugement motivé.

Cela était juste, cela était sage, cela ne pouvait donc convenir au gouvernement de M. Louis Bonaparte. M. de Parieu présenta les instituteurs communaux comme les propagateurs des idées subversives et anarchiques. Son projet de loi donnait au préfet, c'est-à-dire à l'incarnation même du gouvernement personnel dans le département, le droit de les nommer, de les suspendre, de les réprimander, de les déplacer et de les révoquer. Ils tombaient donc entièrement à la merci du gouvernement, qui, dans un but étroit et égoïste, avait, on le comprend, un immense intérêt à avoir une créature à lui dans chaque commune. On tenait à mettre en place des instituteurs révocables selon les caprices du gouvernement. Malheur désormais au pauvre instituteur qui ne saura pas mettre une sourdine à sa conscience, et comprimer les élans de son cœur. On lui ôtera son pain de chaque jour, celui de sa famille.

Ce que l'on voulait atteindre, c'était l'indépendance de l'instituteur. D'un sacerdoce, le gouvernement de M. Louis Bonaparte entreprit de faire une fonction domestique.

La loi Falloux votée quelque temps après vint donner le coup de grâce à l'instruction primaire et aux instituteurs. Et durant vingt ans nous avons vécu sous l'empire de cette législation honteuse, et chose triste à dire ! elle n'est pas encore abrogée dans ses dispositions principales. Mais du moins la République a-t-elle plus de respect pour ces fonctionnaires si utiles et si négligés.

Toutefois cela ne suffit pas. Il faut mes amis que, en ce qui concerne l'instruction primaire et les instituteurs, le République de 1870 en revienne aux traditions de sa devancière de l'an II.

Elargissons l'instruction primaire qui intéresse surtout la portion la plus nombreuse et la plus utile de notre pays. Quelle forme au point de vue physique et moral des hommes et des citoyens. Que les exercices gymnastiques s'y mêlent à l'enseignement de toutes les notions indispensables, lecture, écriture, histoire, arithmétique, géométrie, etc. Cinq ou six années d'école primaire suffisent amplement à donner à l'enfant les premières connaissances, et il faut absolument qu'il y soit initié pour devenir un homme, et pour faire un citoyen.

Quant à l'instituteur chargé de l'instruire, mettons-le dans la situation élevée où voulait le placer la Convention nationale. Qu'il soit l'égal du premier magistrat de la commune ; car, comme je l'ai dit, c'est un magistrat aussi dans l'ordre moral ; que la situation matérielle soit au niveau de la grandeur de sa mission; rendons-lui l'indépendance et la dignité dont il a besoin dans l'exercice de ses fonctions; qu'il ne soit plus à la merci des agents de l'autorité centrale et nous l'aurons d'autant mieux disposé à préparer des hommes libres et des citoyens utiles à la patrie.

Ce sera là, mes amis, l'une des œuvres les plus utiles et les plus fécondes de la République.

Ernest HAMEL,

Membre du Conseil général
du département de la Somme,
pour le canton de Moreuil.

Amiens. — Typ. Alfred CARON fils, rue de Beauvais, 42.

PUBLICATIONS POPULAIRES

à 10 centimes

DE L'UNION RÉPUBLICAINE

DU DÉPARTEMENT DE LA SOMME.

---

1. *Ce que doit être la République*, par JULES BARNI, 3e édition, brochure in-18 de 36 pages.
2. *Les principes et les mœurs de la République*, par le même, 3e édition, brochure in-18 de 36 pages.
3. *Les institutions Républicaines*, par le même, 2e édition, brochure in-18 de 36 pages.
4. *De la nécessité de l'Instruction dans une République*, par AMÉDÉE LAMARLE, brochure in-18 de 36 pages.
5. *La Situation actuelle*, par RENÉ GOBLET, brochure in-18 de 36 pages.
6. *Notice biographique sur M. Jules BARNI*, 3e édition, brochure in-18 de 36 pages.
7. *L'instruction primaire et les Instituteurs*, par ERNEST HAMEL, brochure in-18 de 36 pages.
8. *Les projets Constitutionnels et la Dissolution*, par JULES BARNI. —*De la permanence des rapports du Député avec ses électeurs*, par EUGÈNE DELATTRE, brochure in-18 de 36 pages.

D'autres brochures sont sous presse et paraîtront successivement.

www.ingramcontent.com/pod-product-compliance
Lightning Source LLC
LaVergne TN
LVHW020308230826
846091LV00006B/2597

9782013458610